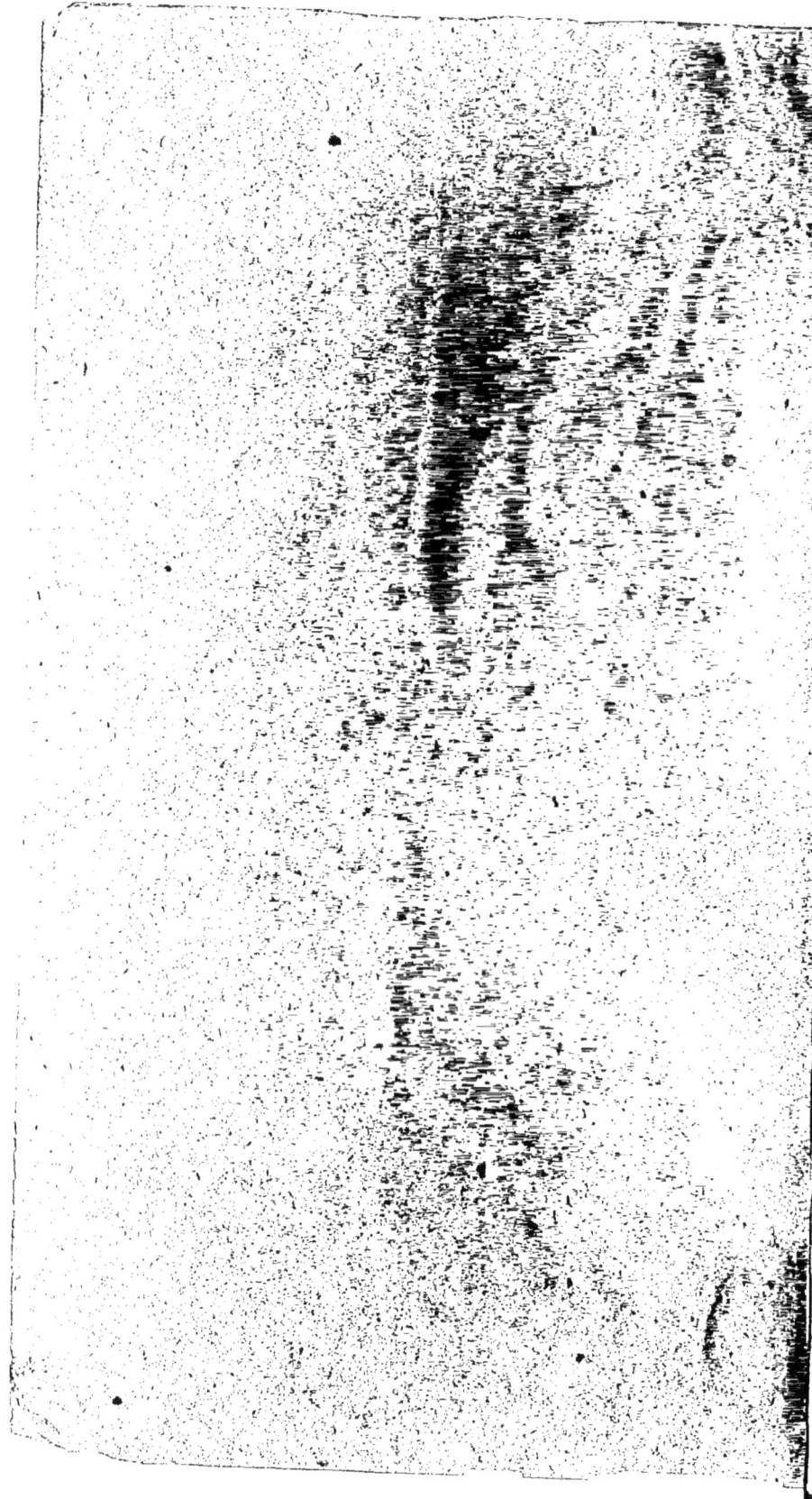

NAUFRAGE
DE LA MÉDUSE.

4ᵉ SÉRIE IN-8°.

Propriété des Éditeurs.

NAUFRAGE

DE

LA MÉDUSE

PAR A. BARON.

LIMOGES,
Eugène ARDANT et C. THIBAUT,
Imprimeurs-Libraires-Éditeurs.

NAUFRAGE DE LA MÉDUSE

SUR LES COTES DE L'AFRIQUE

EN JUILLET 1816.

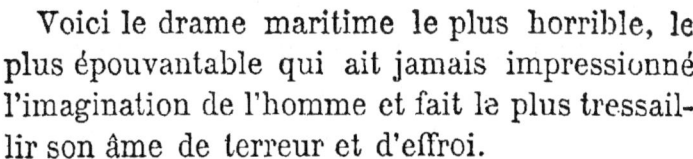

Voici le drame maritime le plus horrible, le plus épouvantable qui ait jamais impressionné l'imagination de l'homme et fait le plus tressaillir son âme de terreur et d'effroi.

Dans les temps anciens, sur mer, rien qui approche des horribles scènes dont fut le théâtre le radeau des naufragés de la *Méduse*.

Au moyen-âge, dans nos temps modernes, rien, heureusement, rien qui en rappelle le souvenir.

Ce mot : naufrage de la *Méduse!* à lui seul évoque ce qu'il y a de plus terrible dans ce drame, ce qu'il y a de plus varié, de plus cruel dans la mort. Tous les genres de mort s'y trouvent en effet, hélas!

Il n'est personne qui n'ait lu cette sanglante tragédie, personne qu'elle n'ait fait frémir, personne qui n'en ait rêvé, personne qui ne l'ait racontée aux autres.

Ce fut la triste épopée du commencement de notre XIXe siècle, et, dans les âges futurs, on citera encore le naufrage de la *Méduse* comme le plus formidable désastre de mer qui ait jamais éprouvé l'homme confiant sa vie à l'élément perfide, dont cependant Dieu l'a fait maître et souverain.....

Les traités de 1814 et 1815 venaient de rendre à la France les établissements qu'elle avait possédés, avant la révolution, sur la côte occidentale de l'Afrique, depuis le cap Blanc jusqu'à l'embouchure du fleuve de la Gambie.

En conséquence, une expédition fut préparée pour conduire à Saint-Louis, au Sénégal, le nouveau gouverneur de la colonie.

M. Duroy de Chaumareys, homme sans valeur, car il n'avait que le titre de marin, sans en avoir jamais eu la pratique, fut nommé chef d'escadre, quoique ayant vieilli hors du service, et mis à la tête de l'expédition.

La flotte qu'il eut à commander, réunie dans la rade de l'île d'Aix, à Rochefort, fut composée de quatre beaux navires: la frégate la *Méduse*, la corvette l'*Echo*, le brick l'*Argus* et la gabarre la *Loire*.

La frégate, à elle seule, portait quatre cents hommes, marins, soldats et passagers.

La flotte mit à la voile le 15 juin 1816, de la rade de l'île d'Aix.

A peine en mer, un accident semble pronostiquer que la traversée ne sera pas heureuse : un homme tombe dans les flots, et malgré tous les efforts on ne parvient pas à le sauver.

Puis la *Méduse*, excellente voilière, au lieu d'attendre les navires qui lui font cortége, semble prendre à tâche de les devancer. M. de Chaumareys, en véritable enfant, mais en marin ridicule, prend à gloire d'arriver au but, et, sans souci des signaux des autres vaisseaux qui veulent lui faire comprendre qu'il s'égare, il dédaigne tout avis, fend orgueilleusement l'onde amère et s'engage étourdiment dans le golfe dangereux de Saint-Cyprien, envers et contre son lieutenant et ses officiers, qui cherchent à lui démontrer, la carte sous les yeux, que la ligne qu'il suit le conduit infailliblement sur le banc d'Arguin, réputé très difficile.

Rien ne triomphe de l'opiniâtreté du commandant : enchanté de se trouver le 1er juillet sur les côtes du Sahara, il passe le tropique, continue sa route qui le rapproche beaucoup trop de terre, sous prétexte que les vents alisés du nord-est laissent le commandant libre de sa manœuvre et que le moyen de faire une courte traversée est de serrer la plage d'aussi près que possible. A ce désir d'arriver avant les autres, se joint le sentiment de vaine gloire de paraître exempt de crainte et d'affronter le voisinage des terres avec plus de hardiesse que n'ont coutume de faire les autres marins. Ces imprudences devaient avoir leurs résultats.

Le croira-t-on ? Le chef d'escadre est dans une telle illusion, que quand on passe la ligne, il veut absolument que son équipage se livre aux folies qui signalent d'ordinaire le Baptême de la Ligne, et c'est pendant que passagers, soldats et matelots se divertissent sur le pont, dans les costumes les plus bizarres et sous les travestissements les plus excentriques, que soudain un cri de terreur retentit, la frégate a touché !... La belle *Méduse* échoue, elle a échoué !...

C'en est fait ! cette rapide frégate qui tout-à-l'heure effleurait à peine les vagues ; qui, après avoir marché de conserve d'abord, au sortir des eaux de France, avec les autres navires, les a si promptement laissés en arrière ; qui, tout-à-l'heure encore a dédaigné les feux d'appel que lui faisait l'*Echo;* la *Méduse* est arrêtée subitement dans sa course brillante. Immobile, réduite à une fixité déplorable, la voici clouée sur un rocher, blessée au cœur, ne pouvant plus se mouvoir et se couchant à grand'peine sur le flanc, étendue sur le lit de douleur que l'on nomme banc d'Arguin... Le banc d'Arguin ! ne l'avait-on pas annoncé à l'orgueilleux M. Duroy de Chaumareys...

Tout annonçait le voisinage de la terre, les poissons que l'on pêchait par masses, les herbes épaisses que sillonnait la frégate : M. de Chaumareys n'a rien voulu voir. Et il faut le cri terrible qui retentit sur le pont, le 2 juillet, à trois heures de l'après-midi, pour enfin persuader au commandant qu'il est en danger. Que dis-je, en danger? que l'heure du trépas a sonné, et que la *Méduse* est à jamais perdue !...

Qui pourra peindre la consternation, la terreur des passagers, la colère sourde des gens de l'équipage, et l'irritation des officiers qui, tous, ont vu qu'ils couraient à leur perte! Qui pourra dire le désordre qui règne sur le navire, les accents de terreur qui éclatent de toutes les cabines, et les gémissements et les pleurs des femmes et des enfants qui s'interrogent et s'étonnent de sentir sous eux la frégate qui talonne et semble frapper du pied comme si elle s'impatientait d'être subitement retenue dans sa course? D'ordinaire, dans un naufrage, une chose rend le courage et l'espérance à tout ce qui vit et se meut dans les flancs du navire : c'est la voix mâle et sonore, c'est l'énergique commandement, c'est la fière attitude de celui qui préside aux destinées du bâtiment. Tous les yeux se fixent sur lui, et si sa physionomie exprime la confiance, la confiance renaît dans toutes les poitrines. Mais sur la *Méduse*, qu'attendre en fait de salut d'un homme qui a conduit à la ruine sans la voir et sans consentir à se laisser éclairer sur ses erreurs? Aussi le désespoir est à son comble.

Cependant, comme pour racheter sa faute,

qu'il reconnaît trop tard, M. de Chaumareys tâche de remettre sa frégate à flot. On tente les plus grands efforts : tout le monde fait son devoir avec courage ; la force de l'équipage est presque doublée par la présence des soldats passagers destinés à la garnison de Gorée ; on amène donc les voiles, on dépose les mâts de perroquet, on recale ceux de hune ; à l'aide d'ancres portées en mer par dès chaloupes et à l'aide du cabestan, les efforts de cent hommes cherchent à soulever la *Méduse* de son rocher et à l'arracher à son lit de douleur. Peines inutiles ! La puissance humaine est bientôt mise à bout, et vainement elle lutte contre les vents qui gênent la manœuvre des embarcations en soulevant la mer, et contre la rapidité des courants qui paralysent l'exécution. On ne peut arriver à ramener la frégate sur les accores du banc où elle eût flotté de nouveau. Les canots, surchargés par les ancres, dérivent sous le vent, hors de la direction qu'il aurait fallu suivre pour les mouiller là où l'eût exigé le mouvement rétrograde que l'on voulait faire exécuter au bâtiment. De sorte que, après mille essais infructueux, mille peines, mille angoisses, mille espérances déçues, la fatigue, l'épuisement de l'équipage l'oblige au repos et le condamne à l'inaction.

Quelle triste nuit que celle qui suit un naufrage, alors que l'on ne sent plus les oscillations du navire ; alors que ce navire ressemble à un cadavre dans lequel la vie s'est éteinte ; alors qu'on entend la vague qui déferle d'une façon lugubre contre ses hanches et l'eau qui s'engouffre peu à peu dans ses profondeurs; alors que la mort plane sur le bâtiment et menace de s'abattre dans une heure, quand les ténèbres seront tout-à-fait tombées, à l'heure fatale de minuit peut-être, peut-être au point du jour, au moment où d'ordinaire l'on revoit si volontiers l'aube et l'approche de la lumière; alors que..... tout espoir de salut... s'est enfui...

Le soir du naufrage de la *Méduse,* il fit un temps beau et serein; la brise souffla douce et fraîche. C'était une injure pour les naufragés; dans une telle situation, on préférerait la tempête. Les trois quarts des gens de la *Méduse* couchèrent sur le pont, à la lueur des étoiles. Mais, vers minuit, le ciel se voila soudain, le vent commença à souffler par rafales, la mer devint grosse, l'ouragan s'agita, et la pauvre frégate, soulevée par moments, devint le point de mire du gros temps, qui la secoua avec rage sur sa couche funèbre : la *Méduse* ne fut plus alors qu'un rocher contre lequel les vagues se prirent à déferler violemment et qu'à chaque instant la lame recouvrait de ses cascades et de ses jets furieux. Tout le monde alors s'était réfugié au-dedans de la frégate; mais là, autres horreurs : l'eau s'élevait d'étages en étages ; on l'entendait envahir progressivement toutes les parties du bâtiment, et c'était à mourir vingt fois de terreur et d'angoises, avant d'être saisi par la véritable mort.

Cependant d'horribles tressaillements se font entendre dans les flancs caverneux de la vaste frégate ; aux tressaillements succèdent d'épouvantables craquements. Hélas ! cent fois hélas ! c'est la *Méduse* qui s'entr'ouvre : l'eau la disjoint, l'écartelle, la sépare en deux, et s'empare de tous les vides du bâtiment.

Ce sont alors de nouveaux cris d'effroi, d'affreuses clameurs, d'indicibles convulsions de terreur, des imprécations, des gémissements, des adieux, toutes les angoisses de la mort. Et le soleil se lève sur cette scène de désolation ! un soleil rouge, blafard, enveloppé de couches de nuages sinistres. Quel tableau !

On songe alors à construire un radeau. Cette idée bonne, excellente, est reçue avec enthousiasme. Tout chacun se met à l'œuvre. On abat les mâts, on sape les bordages, on prend partout les matériaux nécessaires. Malheureusement la discipline manque dans ce travail ; l'obéissance fait défaut ; le désordre s'établit à bord parce que le caractère du chef n'inspire plus le respect si nécessaire dans des circonstances aussi graves, aussi solennelles.

Toutefois, au milieu de l'épouvantable lutte de passions qui fait son arène du pont de la *Méduse*, quelques hommes généreux tentent d'assurer le salut commun, en ralliant autour d'eux les plus intrépides et en cherchant à organiser le travail. Mais on manque de cet ensemble nécessaire qui assure le succès. Il en résulte que le radeau est mal calculé dans ses proportions, mal agencé, mal assujéti, mal lié, et que l'on ne tente pas tous les efforts voulus pour l'approvisionner d'une manière convenable. Au milieu de la précipitation qui est le grand défaut de ce moment pénible, plusieurs sacs de biscuit tombent à la mer, et seront vivement regrettés quand la disette commencera à se faire sentir.

Le radeau compte soixante pieds de longueur sur vingt de largeur. Composé de toutes les pièces de bois que l'on a pu détacher du navire, mais mal disposé, nu, ce radeau semble vaste ; chargé, il est de beaucoup insuffisant. Il n'a pas de mâture ; il est sans voiles.

Il doit être remorqué par le canot du commandant, le grand canot, le canot du Sénégal et la yole : mais combien il retardera leur marche !

Le radeau terminé, le sauvetage s'opère.

Comme pour tout le reste, le chef d'escadre, perdu dans l'opinion même du dernier des matelots, ne sait pas exiger l'ordre nécessaire, indispensable dans un pareil moment. Il tolère même l'égoïsme qui se produit de la part de ceux qui doivent donner des preuves d'abnégation. Pendant que la foule descend en hâte de la *Méduse*, et dans un affreux pêle-mêle se glisse le long des cordes, sautant des bastingages, et, en un mot, se précipite de tous les points dans les embarcations, pas un mot n'est proféré pour comprimer ce désordre.

Alors le gouverneur et sa famille prennent place dans le grand canot, qu'occupent aussi trente-cinq personnes du bord.

Le canot du commandant reçoit vingt naufragés.

Quarante-deux autres personnes, officiers de terre et de mer, prennent possession du canot major.

Le canot dit du Sénégal en reçoit vingt-cinq;

La chaloupe, misérable embarcation, donne place à quatre-vingt-huit matelots;

Et enfin la yole est occupée par le secrétaire du gouverneur et les siens.

Le reste, c'est-à-dire cent cinquante-deux passagers et soldats, auxquels on enlève leurs fusils, s'établissent sur le radeau. Mais, naturellement et par peur, la masse de ces gens s'agglomère au centre de ce radeau; ils s'y entassent sur des morceaux de bois: beaucoup, tombant à chaque instant dans les intervalles vides, ont de l'eau jusqu'à la ceinture. Il est du reste impossible de s'asseoir et de se coucher.

Quelques matelots et passagers, au nombre de dix-sept, effrayés de l'inhabileté de leurs chefs, préférèrent rester sur le navire échoué plutôt que de se confier au radeau déjà trop chargé. Leurs camarades et amis leur promettant toutefois de leur envoyer du secours du Sénégal, aussitôt qu'ils y seront parvenus. En attendant, ces infortunés vont vivre comme jadis les moines dans leur monastère, chacun dans sa cellule.

Aussitôt commence la voie douloureuse de cette lugubre caravane d'embarcations livrées au caprice des flots.

Les embarcations, remorquant le radeau, s'éloignent de la *Méduse*. Tous les cœurs sont serrés. Cette *Méduse* était si fringante, si vaillante naguère! Entre d'autres mains, elle serait entrée si triomphalement dans les ports du Sénégal! Et voici qu'on l'abandonne comme une carcasse de baleine échouée. Il est sept heures du matin, le 5 juillet, lorsqu'on la perd de vue. Le drapeau blanc de la France flotte sur son mât d'artimon, c'est le drapeau de la patrie... La reverra-t-on jamais? Aussi quel découragement ces pensées ne font-elles pas naître dans les âmes? Il semble, en disant adieu à la frégate déchirée, dépecée, rasée comme un ponton, que c'est à la patrie même que l'on dit adieu, car la *Méduse* c'était la patrie pour les naufragés. Néanmoins, au moment où le squelette de la frégate, sur les agrès de laquelle on voit courir comme des ombres errantes les matelots et passagers qui ont mieux aimé en faire leur tombeau peut-être que s'exposer aux horreurs d'une navigation périlleuse sur le radeau, s'efface dans la brume, il sort de toutes les poitrines un cri national que la mer laisse sans échos:

— Vive le roi!

On est parti : on vogue lentement, péniblement. Le soleil est terne, lourd. Il y a quelque chose dans l'air qui est triste, comme les réflexions des âmes.

Le radeau est commandé par M. Coudein, aspirant de première classe.

D'abord trois canots le remorquaient : le canot major, le grand canot, et le canot du Sénégal. Mais successivement ces deux derniers larguèrent les amarres qui les retenaient au canot major. Le radeau, dès lors, n'eut donc plus qu'un seul canot pour remorqueur.

La nuit venue, la mer grossit et bientôt semble vouloir se livrer à ses fureurs des nuits précédentes. On se décide alors à mouiller. L'espérance est rentrée quelque peu dans les cœurs, car au coucher du soleil on a entrevu les côtes de l'Afrique; vers minuit, en outre, les vagues se calment, et la lune se montre au firmament. On peut sommeiller dans les canots, mais ceux qui sont debout sur le radeau, peuvent-ils bien dormir? Eh bien! la fatigue, une extrême prostration ferme les yeux de quelques-uns, et pendant qu'ils sont plongés dans l'eau de la mer jusqu'aux genoux, leur tête malade, assoupie par la faiblesse, rêve peut-être de revoir dans les brumes de l'illusion la patrie absente.....

Hélas! au petit jour, quelle ne fut pas la stupeur des infortunés navigateurs du radeau, lorsqu'ils s'aperçoivent que..... les canots ont coupé les amarres avec lesquelles ils remorquaient la lourde embarcation, et qu'ils se sont enfuis! Jamais plume ne pourra rendre le désespoir et la colère qui s'emparent de ces cent cinquante-deux victimes de l'humaine lâcheté dont on se rendait coupable vis-à-vis d'eux. Leur malheur était d'autant plus grand, que l'on ne découvrait plus la terre aperçue la veille. Mais ce fut en vain qu'ils firent entendre des cris de vengeance et de découragement : que pouvaient contre les éléments les cris de ces cent cinquante-deux infortunés ?

Pour s'orienter et se guider sur l'Océan, nos malheureux délaissés eurent d'abord le secours d'une boussole trouvée entre les mains d'un matelot ; mais bientôt ils la laissèrent tomber entre les pièces de bois du radeau, et il fut impossible de la retrouver. Le lever et le coucher du soleil eussent été les seuls moyens de diriger leur marche, si on avait pu diriger l'énorme masse du radeau sans avirons et sans voiles.

La première journée de navigation se passa assez tranquillement : un des officiers parvint à disposer une voile qui imprima quelque mouvement de marche à l'embarcation. Mais la nuit fut cruelle, car la mer se fit très grosse et le radeau fut horriblement agité. Ceux qui n'avaient pas l'habitude de la navigation ne purent se tenir debout, quelques-uns durent s'attacher aux bois du radeau, pour éviter de tomber. Cela n'empêcha pas que, au jour, on trouva dix ou douze infortunés qui étaient à l'état de cadavres, cadavres engagés, après des luttes sans nom, entre les pièces de bois qui formaient le fond de l'embarcation. D'autres avaient été enlevés par les flots et submergés.

Cependant deux embarcations gagnaient le Sénégal sans accident ; ce furent celles que montaient le gouverneur de la colonie et le commandant de l'escadre. Leurs deux canots arrivèrent le 9 juillet, vers dix heures du soir, à bord de la corvette l'*Echo,* qui, depuis plusieurs jours, était en rade de Saint-Louis.

Un conseil fut tenu sur-le-champ ; on y fit choix des moyens les plus prompts et les plus sûrs pour porter des secours aux naufragés abandonnés dans les embarcations, sur le radeau et même sur la carcasse de la frégate.

La chaloupe chargée de quatre-vingt-huit matelots, encombrée, mal jointe et par conséquent faisant eau, n'avait pu se servir de ses avirons; ses voiles n'avaient pu être utilisées, car à un vent assez frais avaient succédé des calmes persévérants. Les courants, qui, sur cette côte, sont d'une grande force, la firent rapidement dériver vers la terre. Une partie des hommes qui s'y trouvaient désirèrent débarquer plutôt que de continuer une navigation aussi incertaine. On mit donc à terre soixante-trois hommes ; et on leur donna des armes et le plus de biscuit qu'on put. Ce débarquement eut lieu dans le nord du cap Mirick, à quatre-vingt-dix lieues de l'île Saint-Louis. Les débarqués, après toutes sortes de malheurs, arrivèrent enfin au lieu de leur destination.

La chaloupe reprit ensuite le large et rejoignit une heure après les autres embarcations. Mais l'équipage, tourmenté par la soif, se décida enfin, le 8, à se jeter à la côte. Le canot major et le canot du Sénégal avaient été forcés aussi de prendre ce parti. Ils furent imités par un autre canot qui avait suivi de près la chaloupe et par la yole. On était alors à quarante lieues de Saint-Louis. Tous ceux qui faisaient partie de ces diverses embarcations, et qui avaient ainsi gagné la côte, se réunirent en une petite caravane, qui se mit en route pour rejoindre le Sénégal. En traversant le désert, ils eurent beaucoup à souffrir de la fatigue, de la chaleur, de l'avarice et de la perfidie des Maures, aussi bien que de la disette des vivres. Il est probable qu'ils auraient succombé à tant de maux, s'ils n'avaient été rencontrés par l'*Argus*, qui les aperçut sur la côte, et leur envoya des secours. Ils furent ensuite rejoints par des Anglais, qui avaient envoyé à leur rencontre, par terre, avec des chameaux, des subsistances et tout ce qui était nécessaire pour continuer leur route. Ils arrivèrent enfin, le 12, à Saint-Louis, à sept heures du soir, sans aucun accident et sans avoir perdu aucun des leurs.

Mais revenons à ceux qui se trouvaient abandonnés sur le fatal radeau.

Lorsqu'ils eurent perdu de vue les embarcations, ils furent frappés de stupeur, et leur désespoir s'exhala en imprécations contre ceux qui les abandonnaient. Nous avons vu comment ils passèrent leur première journée et la nuit cruelle qui la suivit. Il y eut un matelot et des mousses qui, voulant éviter promptement une position aussi navrante, firent leurs adieux à leurs compagnons et se précipitèrent dans l'Océan, qui les engloutit.

Toutefois, la nécessité établit un peu de calme et de subordination. Un ordre fut établi pour la distribution du peu de vivres qu'il y avait; mais le biscuit, mouillé d'eau de mer, fut dévoré en un seul jour.

La seconde nuit passée sur le radeau fut encore plus terrible que la première. Les vagues venaient à chaque instant ensevelir les naufragés; elles les secouaient, les agitaient, et malheur à ceux qui ne se cramponnaient pas à temps à quelques pièces de bois : ils étaient froissés les uns contre les autres, ils tombaient entre les intervalles des pièces mal jointes qui composaient le radeau, et souvent étaient précipités dans l'abîme. Tous ceux qui ne pouvaient se tenir au centre de l'embarcation étaient inévitablement entraînés: aussi, dans la presse qui se faisait autour d'une sorte de mât, beaucoup périrent étouffés. Le lendemain, à l'heure de la distribution des vivres, on s'aperçut que vingt hommes étaient en moins sur le radeau.

Pour mieux braver les approches de la mort,

les soldats et les matelots cherchaient souvent dans le vin et l'eau-de-vie le courage qui les avait abandonnés. Quelques-uns résolurent même d'adoucir leurs derniers moments en buvant jusqu'à perdre la raison. Ils firent un trou au tonneau de vin, qui se trouvait un peu en arrière du groupe principal, sans que les officiers, qui partageaient leur découragement, les en empêchassent, et, avec de petits gobelets de fer blanc qu'ils avaient sauvés, ils burent à outrance. Toutefois, l'eau de la mer pénétrant par le trou qu'ils avaient pratiqué, les força de s'arrêter assez promptement : mais les fumées du vin ne tardèrent pas à porter le désordre dans ces cerveaux déjà affaiblis par des fatigues sans relâche, par la crainte de la mort, et par le défaut d'aliments. Devenus sourds à la voix de la raison, ils complotèrent de détruire le radeau, en coupant les amarrages, et de s'engloutir ainsi dans les flots avec leurs compagnons d'infortune. Ils manifestèrent hautement l'intention de se défaire de leurs chefs, qui pouvaient s'opposer à leur dessein. Les sabres furent tirés à l'instant, et une bataille commença sur cet étrange théâtre de guerre. Les soldats et les matelots ivres se précipitèrent avec furie sur les officiers et les passagers qui n'étaient qu'au nombre de vingt, mais forts parce qu'ils étaient de sang-froid. Aussi ces derniers remportèrent-ils la victoire. Le carnage fut épouvantable ; soixante soldats périrent ; les autres obtinrent leur pardon.

Cette lutte fratricide, dans les ténèbres, sur un sol balayé par la lame, au souffle du vent faisant à chaque instant chavirer le radeau, étroit champ de bataille de vingt pieds carrés au-delà duquel était l'abîme béant, eut quelque chose d'horrible qui se sent et ne peut se dire. Ce fut un combat inouï, où les sabres, les couteaux, les haches firent leur œuvre de destruction d'une façon meurtrière; où, quand les armes furent tombées des mains, on se saisit corps à corps, on s'accula jusqu'au dernier soliveau du trop mobile plancher; où l'on s'enfonça les ongles dans les yeux, où l'on se mordit, où l'on se déchira, où l'on s'étouffa dans de féroces étreintes...

Ce qu'il y eut de plus terrible encore, c'est qu'aussitôt que l'exemple eut été donné, on ne s'arrêta plus. Nombre des hommes resserrés dans cet espace étroit étaient le rebut de la société, déjà flétris par elle et marqués du fer réprobateur. La position exceptionnelle où ils se trouvaient donnait un libre essor à leurs affreux penchants. Ceux qui dans tous les temps devaient avoir le droit de leur commander, se trouvaient en quelque sorte à leur merci. En les sacrifiant, ils se procuraient, avant de mourir, la jouissance infernale de faire le mal impunément. Ils se révoltèrent donc et fondirent de nouveau sur les officiers et passagers qui, connaissant leur dessein, s'étaient retirés à l'autre extrémité du radeau. Ceux-ci, mieux avisés et forts de la justice de leur cause, se défendirent avec courage, repoussèrent leurs ennemis, jonchèrent le radeau de cadavres et les précipitèrent dans les flots.

Mais alors la faim, le peu de provisions qui restaient, devinrent, entre ceux qui survécurent, d'autres et continuelles causes de désordres et d'hostilités.

L'exaspération et la fureur, causés par tant de souffrances, anéantirent dans ces malheureux naufragés tout sentiment d'humanité. La plume se refuse à dire ce qui va suivre. Exténués par un long jeûne, auquel les vagues de la mer, jaillissant constamment sur leurs sanglantes blessures, faisaient pousser à chaque instant des cris de douleur, ces infortunés en vinrent, pour prolonger de quelques heures une aussi triste existence, jusqu'à se nourrir de la chair de leurs compagnons qu'ils avaient tués. Oui, ils coupèrent par tranches plusieurs cadavres dont le radeau était couvert. Les plus affamés dévorèrent ces viandes crues, que les officiers refusèrent de goûter. Ces derniers préférèrent essayer de ronger le cuir de leurs chapeaux, de leurs baudriers et des gibernes.

Puis..... ils burent leur urine afin d'apaiser le tourment de la soif qui les dévorait.

Un petit citron trouvé par hasard, quelques gousses d'ail, une petite fiole d'alcool, un mince flacon d'essence de rose, furent des mets exquis que les officiers se partagèrent entre eux.

Plusieurs matelots et soldats, auxquels on avait pardonné leur première tentative, voulant accaparer l'argent et les bijoux des officiers que l'on avait mis en commun dans un sac pendu au tronçon du mât du centre du radeau, formèrent une nouvelle conspiration. Un troisième combat s'engagea ; le radeau fut encore une fois jonché de cadavres, et, comme toujours, la victoire resta aux officiers.

Ainsi la mort régnait en maîtresse souveraine sur ces planches du radeau.

De cent cinquante-deux qui avaient été embarqués sur le radeau, il n'en resta bientôt plus que trente, car par combien de tragédies, par combien d'épisodes ne fut pas signalée cette navigation livrée au souffle du vent, abandonnée à la fantaisie des lames ! Qui pourrait jamais raconter, sans faire frissonner d'horreur, les calamités sans nombre qui assaillirent les héros de ce drame, les scènes de meurtres, les suicides, les angoisses inimaginables, les tourments et les tortures de la faim, de la soif, des blessures, l'épouvantable supplice d'une chaleur torréfiante combinant ses aiguillons avec les morsures non moins aiguës de l'eau de mer sur ces membres dévorés par le scorbut, rongés par la souffrance d'une onde amère les engloutissant sans fin, brûlés, carbonisés par le climat ?

Oui, après six jours passés ainsi sur cet affreux radeau, trente hommes restaient seulement sur cent cinquante-deux... Et quels hommes ! l'eau de la mer leur avait enlevé la peau des pieds et des jambes ; ils étaient noirs de coups de soleil et brûlés par les vents dévorants d'une zone torride ; ils étaient couverts des blessures des combats et des contusions que leur causaient des chutes perpétuelles sur le radeau ; leurs vêtements ne tenaient plus sur eux, et la nudité se montrait partout...

Puis, sur ces trente, deux ayant été surpris buvant en fraude, avec un chalumeau, du vin de la seule barrique qui restait, furent jetés à la mer.....

Puis, un jeune élève de marine, enfant de douze ans, l'objet de la tendresse et des soins de tout l'équipage, par sa figure angélique, la douceur de sa voix, son excellent caractère et son courage, s'éteignit comme une lampe qui cesse de brûler faute d'aliment.

Le nombre de ceux qui restaient se trouvait donc réduit à vingt-sept. Mais comme sur ces vingt-sept il était quinze misérables, que les souffrances avaient privés de raison et qui étaient devenus fous, et que néanmoins ils avaient part aux distributions de vin, et pouvaient, avant leur mort, consommer trente ou quarante bouteilles de vin qui étaient d'un prix inestimable en de telles conjonctures, on délibéra. Le résultat de cette exécrable délibération fut que les quinze plus faibles seraient jetés à l'eau par les plus forts : ce qui fut exécuté.....

Dans le nombre de ces victimes se trouvait

une cantinière et son mari. Cette femme s'était associée, pendant vingt ans, aux glorieuses fatigues de nos troupes, sous le règne de Napoléon Ier; elle avait porté d'utiles secours et de douces consolations aux braves de nos armées, sur tous les champs de bataille de l'Europe. Déjà l'infortunée avait failli se noyer trois fois en tombant du radeau dans la mer, et trois fois elle avait été sauvée par des officiers ou quelque passager; mais enfin, ce ne fut plus une chute qui la fit périr dans l'abîme ; ce furent les mains des mêmes officiers, tant de fois ses sauveurs, qui la livrèrent à la mort, en la jetant au fond des eaux.

N'oublions pas de dire qu'un des spectacles hideux du radeau, était celui de légions innombrables de requins avides qui accouraient en foule et qui se pressaient autour en attendant la proie que chaque heure leur donnait. Affranchis par la certitude de ne pas manquer de vivres, que la mort leur envoyait trop régulièrement, ils étaient là formant des bancs pressés à l'arrière de la frêle embarcation et au même niveau qu'elle. On voyait leur grande nageoire dorsale pointer au-dessus de l'eau comme la vergue d'une voile de perroquet, ou fendre la mer ainsi qu'une lame d'acier, plonger un instant et reparaître en se rapprochant toujours des malheureux qu'ils étaient assurés de saisir. D'après le nombre des nageoires que l'on pouvait distinguer, il était facile de reconnaître que plusieurs centaines de ces monstres entouraient le radeau ; plus on regardait la mer, plus on distinguait de ces voraces animaux dont la quantité s'accroissait à chaque minute sur les côtés du radeau ; ils s'avançaient par groupes de deux ou trois, côte à côte, ainsi que des bœufs attelés au même joug : leur audace augmentait à chaque instant. Quand il y avait un certain temps qu'un cadavre n'avait été jeté à la mer, les requins approchaient de plus en plus des pièces de bois qui portaient les naufragés, et semblaient réclamer leur proie. Tombait-elle en effet dans les vagues, aussitôt cette foule affamée se précipitait avec une fureur indescriptible, et pour le partager, s'enlever, se déchirer le corps, vivant ou mort, c'était une lutte effroyable, un inimaginable tourbillon, une trombe vivante qui se disputait le mort... Mais où la curée fut opulente pour ces terribles bêtes, ce fut quand on poussa dans les flots les quinze malheureux fous, et la cantinière dont nous avons parlé !..... Ici, la plume se refuse à rendre l'horreur de la scène.....

Un jour, vers midi, l'un des naufragés vit un papillon blanc qui voltigeait autour du tronçon du mât... Ce fut un cri de joie générale... Un papillon ! un papillon sur la mer ! Mais on n'était donc pas loin de la terre ? A cette pensée, une lueur d'espoir pénétra dans ces poitrines si désolées... Mais le papillon était là, voltigeant, et toute autre chose disparut devant le désir de s'en emparer pour..... le manger. Oui, des regards et des mains faméliques se dressaient vers l'innocent insecte pour le saisir et le dévorer, lui, symbole d'espérance et de bonheur !... Déjà une lutte commençait, de la dispute on allait en venir aux coups : ne s'agissait-il pas d'un papillon ! Quel mets ! C'est égal, on allait se battre pour cette proie, quand le papillon s'envola et disparut.

Hélas ! la nature nous fait trouver quelquefois dans l'excès de nos maux un soulagement inespéré : pour les naufragés de la *Méduse*, ce soulagement fut une sorte de fièvre chaude, une aliénation passagère de l'esprit, une absence de raison enlevant temporairement le sentiment de la situation. Ainsi advint-il que plusieurs de nos infortunées victimes furent en proie à des illusions trompeuses. C'est pendant la nuit que cette sorte de fièvre, que l'on nomme *calenture*, s'empare de celui qu'un jeûne prolongé a jeté dans un affreux état de faiblesse. Il s'éveille entièrement privé de raison ; son regard étincelle, il s'échappe de sa couche, et croit voir autour de lui les forêts les plus belles, les prairies les mieux émaillées, les aliments et les fruits les plus délicieux. Cette erreur le réjouit ; sa joie se produit au-dehors par des rires, des causeries, des applaudissements à l'adresse des choses qu'il voit et qu'il admire. Lorsque cette maladie affecte un marin, il monte sur le pont, il témoigne le plus ardent désir de se jeter à la mer, parce qu'il lui semble que c'est dans un pré qu'il met le pied. M. Corréard, par exemple, un de nos naufragés, croyait parcourir les plus belles campagnes de l'Italie. Plusieurs de ses compagnons, dans leur délire, se persuadaient être encore sur la frégate, voguant à toutes voiles ; et d'autres s'imaginaient voir des navires sur la surface des vagues et les appelaient à leur secours.

M. Brédif, un autre naufragé, embarqué sur la chaloupe, raconte ainsi la vision que lui donnait la calenture :

« La lune étant couchée, excédé de besoin, de fatigue et de sommeil, je cède à mon accablement, et je m'endors malgré les vagues prêtes à nous engloutir. Les Alpes et leurs sites pittoresques se présentent à ma pensée ; je jouis de la fraîcheur de l'ombrage ; je me rappelle les délicieux moments que j'y ai passés ; le souvenir de ma bonne sœur fuyant avec moi, dans les bois de Kaiserlautern ; les Cosaques qui s'étaient emparés de l'établissement des mines, sont à la fois présents à mon esprit. Ma tête était penchée au-dessus de la mer ; le bruit des flots qui se brisent contre notre frêle barque produit sur mes sens l'effet d'un torrent qui se précipite du haut des montagnes ; je crois m'y plonger tout entier. Tout-à-coup je me réveillai ; ma tête se releva douloureusement ; je décollai mes lèvres ulcérées et ma langue desséchée n'y trouva qu'une croûte amère de sel, au lieu de cette eau que j'avais vue dans mon rêve. Le moment fut affreux et mon désespoir extrême. »

Enfin, le 17 juillet, au matin, comme le soleil dévorant annonçait une brillante journée, les quelques naufragés qui restaient étendirent une longue toile en forme de tente et se mirent à l'abri sous ses plis. Ils y étaient à peine depuis quelques minutes, lorsqu'un artilleur, retournant un instant au grand air, rentra subitement sous la toile, en s'écriant :

— Une voile ! une voile !

En effet, c'était un navire qui se montrait à l'horizon.

La joie de tous fut extrême. Mais, ô fatalité ! le radeau n'a pas d'élévation et ne pourra être vu en pleine mer. En effet, hélas ! les naufragés ont beau agiter leurs mouchoirs, les lambeaux de leurs vêtements, et pousser autant de cris que leur permettent leurs forces, afin d'attirer l'attention des navigateurs, peine inutile ! le navire s'éloigne et bientôt est hors de vue.....

L'espérance avait un instant ranimé le courage de nos infortunés ; mais cette fois leur désespoir est au comble.

Ils se croient perdus pour jamais !

Toutefois, les naufragés ont cru reconnaître l'*Argus*, ce brick qui avait quitté Rochefort en même temps que la *Méduse* et avec la même destination.

— Puisse l'*Argus* avoir pour nous des yeux

d'argus! dit un des officiers, toujours français par l'esprit, malgré le malheur. Car, c'est chose à dire aussi, nonobstant les indescriptibles calamités qui pèsent sur eux depuis bon nombre de jours, il s'est trouvé des hommes, assez maîtres d'eux-mêmes et assez supérieurs aux souffrances, pour chercher par leur gaîté, leurs causeries, leurs contes, leurs récits imaginés tout exprès, à distraire ceux qui les entourent et qui souffrent, et à les tirer de leur marasme physique, en occupant leur imagination et leurs pensées de choses riantes et agréables.

Donc, à la disparition du navire, les naufragés s'étaient crus perdus à tout jamais.

Mais la Providence veillait sur eux!

Deux heures s'étaient écoulées depuis que le vaisseau, un moment entrevu, s'était effacé dans la brume de mer, deux heures d'angoisses et de douleur! lorsqu'un homme, se redressant avec effort sous la tente, passe la tête à l'air et regarde. Alors, l'œil fixe, le bras tendu vers l'horizon, haletant, convulsif, cet homme pouvant à peine parler, dit de nouveau :

— Là-bas, un navire! Là-bas, un navire!

Tous regardent, et voient en effet un navire qui approche.

C'était l'*Argus*, c'était le brick envoyé du Sénégal à la recherche des naufragés, et qui, après les avoir inutilement cherchés depuis plusieurs jours, désespérait presque de les rencontrer.

A la vue du vaisseau libérateur, qu'on juge de la joie, des transports des malheureux qui allaient périr. Ils se hissaient les uns sur les autres, ils nouaient ensemble leurs mouchoirs pour en faire des signaux de reconnaissance, ils voulaient se jeter à la mer, ils battaient des mains, ils s'embrassaient, ils pleuraient en criant de toutes les forces de leurs poumons épuisés.

Car ce n'étaient plus des hommes vivants, ces infortunés, c'étaient des cadavres auxquels on aurait enlevé l'épiderme, et qui se trouvaient écorchés à vif par l'eau de mer.....

L'*Argus* approcha, et ses matelots rangés sur le bastingage répondirent à l'appel des naufragés par des hurras multipliés.

Ce fut alors un étrange spectacle.

Ces treize corps d'hommes défigurés, à peu près nus, excoriés par les coups et le soleil, amaigris, hâves, furent hissés un à un à bord du brick, où les soins les plus empressés leur furent donnés. De très bon bouillon avait été préparé à bord de l'*Argus*; on y mêla un peu de vin, et cela fit un excellent cordial qui ranima un peu les forces des naufragés. On pansa leurs blessures, et il se trouva parmi ces hommes des constitutions si heureuses, que, le lendemain, plusieurs furent en état de marcher. Mais il n'en fut pas de même pour tous, car ces bons soins furent impuissants à sauver quelques-uns de nos infortunés héros. Six moururent après quelques jours de souffrance, et sept seulement survécurent.....

Après la découverte du radeau, on dut se préoccuper de la recherche des canots qui n'étaient pas arrivés à Saint-Louis, en même temps que le gouverneur. La position des naufragés dans ces embarcations, encombrées de monde, et où par conséquent peu de vivres avaient été embarqués, devait être fort triste également.

Ensuite on dut songer à délivrer de leur prison ceux des matelots, soldats et passagers, au nombre de dix-sept, qui étaient restés sur la *Méduse*, n'ayant pas trouvé ou ayant refusé place sur le radeau. Ces hommes étaient les moins à plaindre, car si la mer n'avait pas encore démoli la frégate, il était naturel de croire que les dix-sept malheureux qui avaient persisté à y attendre des secours, y avaient facilement subsisté des barils de salaisons qui s'y trouvaient en grande quantité.

En outre, une somme de cent mille francs, — que du reste on n'a jamais retrouvée, — ayant été embarquée pour les besoins de la colonie, on se décida, quoique tard, pour satisfaire aux devoirs de l'humanité, à envoyer une goëlette sur le lieu du naufrage. Elle était chargée de secourir les hommes qui devaient s'y trouver et de faire plonger dans l'intérieur du bâtiment, afin d'y découvrir l'argent qui y avait été déposé.

Cette goëlette, partie le 26 juillet, mais ayant été contrariée par des vents alisés d'une grande force, gagna si peu au vent, que huit jours après elle fut obligée de relâcher. Elle partit de nouveau et éprouva au large un coup de vent assez fort pour que ses voiles en aient été endommagées. Il fallut donc encore revenir au point de départ, après quinze jours de navigation complètement inutile. Enfin, la goëlette repartit une troisième fois, et atteignit la *Méduse* cinquante-deux jours après son abandon.

Les dix-sept personnes qui étaient restées sur cette frégate avaient rassemblé tous les vivres qu'elles avaient pu parvenir à extraire de la cale du bâtiment. Tant que les provisions durèrent, la paix régna parmi elles. Mais quarante-deux jours s'écoulèrent sans qu'elles vissent paraître les secours qu'on leur avait promis en partant. Alors, douze des plus impatients de ces hommes, et en même temps des plus courageux, se voyant à la veille de manquer de tout, résolurent de gagner la terre. Ils construisirent un radeau avec différentes pièces de bois qui provenaient de la frégate : hélas! ils furent victimes de leur témérité, car les restes de leur radeau, qui furent trouvés sur la côte du désert de Sahara, par les Maures, sujets du roi de Zaïde, ne laissèrent plus aucun doute sur leur fin déplorable.

Un matelot, qui s'était refusé à s'embarquer sur ce radeau, voulut aussi gagner terre quelques jours après le départ de celui-ci; il se mit dans une cage à poules, et, à une demi-encâblure de la frégate, le malheureux fut submergé.

Au reste, si ces infortunés n'eussent point péri dans les flots, il est certain qu'ils eussent tous succombé aux horribles tourments de la faim.

Les quatre naufragés qui restèrent sur la *Méduse* se décidèrent à mourir plutôt que d'affronter des dangers qui leur semblaient insurmontables.

Un de ces quatre abandonnés venait de mourir quand la goëlette arriva.

Les trois autres étaient très faibles, et, deux jours plus tard, on n'aurait trouvé que leurs cadavres. Ils occupaient chacun un endroit séparé, et n'en sortaient que pour aller chercher des vivres, qui, dans les derniers jours, ne consistaient qu'en un peu de suif, de lard salé et d'eau-de-vie. Quand ils se rencontraient, ils couraient les uns sur les autres et se menaçaient de coups de couteau. Tant que le vin avait duré, ainsi que d'autres provisions, ils s'étaient parfaitement soutenus; mais, dès qu'ils eurent été réduits à l'eau-de-vie pour boisson, ils s'étaient affaiblis de jour en jour.

Enfin, ils se trouvèrent réunis à tous les infortunés échappés aux mêmes désastres, lorsqu'on les eut heureusement transportés à l'île Saint-Louis.

Ainsi qu'il a été dit plus haut, soixante hommes avaient débarqué, et pris terre à huit lieues au nord des Mottes d'Angel.

Ils confièrent le commandement de leur caravane à un adjudant sous-officier, nommé Petit, jeune homme de vingt-huit ans, ferme et intelligent. Avant de se mettre en route, on fit l'appel : hélas ! sur soixante individus qui avaient débarqué, il ne s'en trouvait déjà plus que cinquante-sept.

Six d'entre eux, en arrivant à terre, s'étaient écartés de leurs compagnons d'infortune. De ce nombre était le naturaliste Kummer, qui s'était éloigné dans l'espoir que les Maures lui donneraient de quoi satisfaire sa faim et sa soif.

Les cinquante-sept malheureux se mirent en marche. Le soleil était brûlant, et fatalement ils ne trouvèrent ni abris pour se reposer, ni sources pour étancher leur soif. Le soir, ils atteignirent trois collines de sable, — les Mottes d'Angel, — situées sur le bord de la mer. Ils y rencontrèrent quelques cabanes inhabitées, où l'on avait laissé de nombreux débris de sauterelles, restes de quelque repas.

Le 7, vers deux heures du matin, la caravane, profitant de la fraîcheur de la nuit, se mit en route. Quelques hommes voulurent étancher leur soif en buvant de l'eau de mer, mais elle leur causa d'horribles coliques, et des vomissements violents. D'autres burent de l'urine, mais cette triste ressource fut bientôt épuisée. Enfin, il y en eut qui eurent l'idée de creuser de petits puits au bord de la mer, ce qui leur procura une eau bourbeuse, mais moins salée, moins nuisible que celle de l'Océan. Malgré ce secours, la plupart désiraient que les Maures vinssent les réduire en esclavage. On ne trouva ni plantes ni animal qu'on pût manger, excepté des crabes, dont la chair, lorsqu'elle est mangée crue, donne de fortes et violentes coliques.

La troisième nuit se passa comme la précédente. Seulement on entendit siffler beaucoup de serpents, qui troublèrent souvent les rêves enchanteurs de ces malheureux étendus sur le sable, et dormant du sommeil de la fièvre. A deux heures du matin, on se remit encore en marche. Cette journée fut une des plus cruelles que nos Français passèrent sur ces côtes. La femme d'un caporal, exténuée de fatigue, se laissa tomber par terre, et déclara qu'elle ne pouvait aller plus loin. Son mari, désespéré, chercha à réveiller son courage en l'effrayant. Il menaça de la tuer, car il tira son sabre sur elle :

— Frappe! dit-elle, au moins je cesserai de souffrir!

L'infortuné la traîna auprès d'une mare salée, où il eut la douleur de la voir expirer.

La caravane passa la nuit en ce lieu, et son repos y fut troublé par le cri des oiseaux, l'agitation des reptiles et le rugissement des lions.

Le 10, la moitié de la caravane ne put se relever. Des douleurs aiguës, accompagnées d'étourdissements, paralysaient ces malheureux. Ils demandaient, comme une faveur, qu'on les fusillât... La chaleur du soleil, en les réchauffant, leur rendit l'usage de leurs membres.

Pendant la nuit suivante, qui était la onzième passée dans le désert, le délire s'empara de toutes les têtes. Ils s'expliquaient entre eux par signes, car leur langue desséchée ne leur permettait plus de parler. L'un d'eux imagina de couper le bout de ses doigts pour en sucer le sang, et plusieurs l'imitèrent; mais cet expédient n'empêcha pas quelques-uns de succomber pendant le cours même de cette nuit.

Le 11, vers deux heures du matin, l'adjudant Petit venait de se mettre en route avec l'avant-garde, lorsqu'ils découvrirent des cabanes d'où s'élancèrent aussitôt une quarantaine de Maures armés de poignards. Ces barbares s'emparèrent de la troupe; mais l'adjudant Petit leur échappa et rejoignit le gros de la caravane. Il proposait alors des moyens de défense, lorsqu'une voix s'écria :

— Eh bien ! les Maures nous donneront à boire !

En même temps, celui qui parlait montra du doigt les Africains qui s'approchaient comme une meute cherchant curée. En un clin d'œil, les naufragés furent dépouillés de leurs vêtements. Sans force pour résister, ils se prêtaient eux-mêmes à cette honteuse spoliation, en suppliant qu'on leur donnât un peu d'eau ou de millet. Enfin, on les conduisit à un marigot, où ils burent à leur aise d'une eau amère et couverte de mousse, que leur estomac affaibli rejetait presque aussitôt après l'avoir bue.

Le chef de ces brigands prit la main de l'adjudant Petit et le fit asseoir auprès de lui. Il voulait savoir le pays des naufragés, d'où ils venaient, où ils allaient, comment ils étaient parvenus à la côte, ce que contenait le vaisseau et ce qu'il était devenu. Pendant cette interrogation, les femmes, de hideuses mégères, partageaient le butin, les guerriers dansaient et poussaient des cris par lesquels ils témoignaient leur allégresse.

Ce chef maure consentit à conduire les naufragés au Sénégal, à condition qu'on lui donnerait des toiles de Guinée, de la poudre, des fusils et du tabac. Il leur fit distribuer un peu de poisson et donna le signal du départ.

Le 12, après quelques heures de marche, on rencontra une seconde bande de Maures beaucoup plus forte que celle qui conduisait les naufragés. Celle-ci voulut résister et fut vaincue; son chef fut renvoyé avec la barbe et les cheveux rasés.

Hamil était le nom du vainqueur.

— Je suis, dit-il en mauvais anglais, le prince des Maures pêcheurs et votre maître ; vous allez être conduits à mon camp...

On y arriva le soir, mais on n'y trouva, au milieu de quelques chétives cabanes, que des femmes et des enfants laissés à la garde des troupeaux ; on n'eut pour boisson que de l'eau bourbeuse et amère, et pour nourriture des crabes crus et des racines filandreuses. On contraignit les captifs à arracher des racines, à panser les bestiaux, à charger et décharger les chameaux. Lorsque le sommeil, plus fort que toutes les douleurs, venait fermer leurs paupières, les femmes et les enfants s'amusaient à les pincer jusqu'au sang, à leur arracher les cheveux et le poil de la barbe et à jeter du sable dans leurs plaies. Ils se délectaient surtout à entendre leurs cris et leurs gémissements.

Le 16, le prince Hamil distribua aux naufragés six gros poissons, avec à peu près deux verres d'eau pour chaque homme, et demanda ce qu'ils lui donneraient pour les conduire au Sénégal. On le pria de dire lui-même ce qu'il désirait ; on lui promit davantage, et sur-le-champ on se mit en route, lui enchanté de sa fortune, les captifs bien heureux de quitter cet odieux séjour.

Le 17, au lever du soleil, les captifs aperçurent un vaisseau qui approchait rapidement. Ils reconnurent bientôt le pavillon français. Déjà leurs cœurs palpitaient de désir et d'espérance, lorsque tout-à-coup ils le virent changer de route, s'éloigner et disparaître. C'était l'*Argus*, qui cherchait les naufragés, pour les ramener au Sénégal ; mais, hélas ! il n'avait pas vu les signaux qu'on lui avait faits du rivage. Ce fut un bonheur pour les malheureux délaissés du radeau, car l'*Argus*, ayant continué sa route, les rencontra ce jour-là même, et presque au moment où ils allaient expirer de besoin.

La caravane reprit donc sa route, bien affligée de n'avoir pas été délivrée par les matelots du vaisseau français et enlevée aux mains des affreux Maures de ces parages.

Le 18 et le 19, on fut réduit à boire de l'urine des chameaux mêlée avec un peu de lait, et l'on trouva cette boisson préférable aux eaux du désert.

Enfin on rencontra, ce dernier jour, un marabout qui annonça l'arrivée prochaine d'un envoyé de la colonie. En effet, M. Karnet, en costume de Maure, monté sur un chameau, parut bientôt accompagné de quatre autres marabouts. Ce philanthrope, Irlandais de naissance, venait à travers de grands périls apporter aux naufragés des vivres qu'il leur distribua en arrivant. Personne n'ayant la patience de laisser cuire le riz, on l'avala tout cru, et au tourment de la faim succédèrent de dangereuses indigestions, qui n'empêchèrent pas cependant d'acheter un bœuf et de le faire cuire à la manière des Maures. Voici en quoi elle consiste :

On creuse un grand trou ; on y allume un feu de racines, seul combustible que présente la côte. Puis, on y étend l'animal ; on le couvre de sable, et par-dessus on entretient un feu ardent. L'adjudant Petit et quelques soldats contenaient les plus affamés, qui voulaient déterrer le bœuf et le dévorer sans plus attendre. Enfin, on le partagea. Cette chair coriace, mangée avidement, produisit de déplorables effets. Un Italien s'en gorgea au point de se faire enfler le ventre, et il en mourut le lendemain. D'autres, par suite de ce changement subit de régime, tombèrent en démence. L'un d'eux demandait qu'on ne l'abandonnât pas dans le désert, et prenait toutes les manières d'un enfant. M. Karnet se prit à le traiter de même, et lui donnait, pour l'apaiser, du sucre et de petits pains américains.

Le même jour, l'*Argus* reparut à une lieue environ. Ayant entendu quelques coups de fusil tirés par M. Karnet, il s'approcha du rivage autant qu'il put et envoya à terre une embarcation. Comme elle tentait en vain de franchir les brisants, M. Karnet, Hamil et son frère, passèrent à la nage, parvinrent au canot, et celui-ci les porta au brick. Le capitaine, M. Deparnajou, leur remit un baril de biscuit, avec quelques bouteilles d'eau-de-vie, et les renvoya dans un autre canot, qui ne put, non plus, traverser les brisants. Alors ils se remirent à la nage avec leur cargaison, et parvinrent à la pousser devant eux jusqu'au rivage. Aussitôt l'adjudant Petit fit une distribution de biscuit et d'eau-de-vie, et chargea le reste sur des chameaux.

Ce fut alors que la caravane apprit de l'*Argus* le malheureux sort des naufragés du radeau. On n'était plus alors qu'à une vingtaine de lieues la colonie du Sénégal.

La caravane y arriva enfin le 24 juillet, à midi.

Malgré toutes les souffrances d'un si rude trajet, une femme et cinq hommes seulement avaient péri : trois s'étaient écartés dans le désert. Un d'eux, qui était soldat, fut enlevé par les Maures : il resta plus d'un mois parmi eux, et fut ensuite ramené à l'île Saint-Louis.

Le chef d'escadre, M. Duroy de Chaumareys, dont l'impéritie avait causé tant de malheurs, n'avait eu à souffrir en aucune façon de cet horrible naufrage. Embarqué l'un des premiers dans le meilleur et le plus grand canot, il avait débarqué à terre, à l'île Saint-Louis, après trois seuls jours de houle. A son retour en France, par une tardive expiation de la mort cruelle et de l'atroce agonie de tant d'hommes et de femmes, il fut traduit devant un conseil de guerre, qui le déclara déchu de son grade, et incapable à tout jamais de servir l'Etat.

ÉCHOUAGE DE L'ASTROLABE,

COMMANDÉE PAR DUMONT-D'URVILLE,

En face de Tonga-Tabou, dans le grand océan Pacifique, en avril 1827.

A peu près au centre de l'immense océan Pacifique, sous le tropique du Capricorne, il est un vaste archipel composé d'une centaine d'îles et d'îlots, qui a nom archipel des îles Tongas.

C'est un magnifique spectacle pour le navigateur de voir des haubans de son navire ces magnifiques nefs de verdure émergeant fort au large de la surface azurée de l'océan. Parmi toutes les autres, les trois îles de Tonga-Tabou, Vavao et Eoa se distinguent par leur étendue. Tonga-Tabou n'est qu'une terre basse ; Vavao et Eoa, auxquelles il faut joindre Namouka, sont d'une hauteur médiocre. Pangaï-Modou, voisine de Tonga-Tabou, est une petite île, basse également. Mais le sol y est partout d'une fertilité prodigieuse. On y jouit d'une température modérée, car les brises de mer qui y soufflent régulièrement, contribuent à réduire la chaleur. L'air d'ailleurs y est pur et serein ; le seul inconvénient est la fréquence des tremblements de terre.

Les insulaires tongas ont la peau noire, mais la physionomie agréable. Ils sont grands, bien faits, et parfaitement proportionnés. On leur reproche un certain embonpoint : cela tient à leur nourriture saine et abondante. Leur nez est aquilin et leurs lèvres minces, ce qui dénote quelque peu la fourberie de caractère. Leurs cheveux sont lisses. Les femmes tongas ont la taille noble, les traits délicats et le teint presque blanc. Ces insulaires se tatouent, notamment les reins et les cuisses, mais en laissant la peau dans son état naturel.

L'habillement des Tongas consiste, pour les femmes comme pour les hommes, en une pièce d'étoffe ou natte fine qui enveloppe le corps de manière à faire un tour et demi sur les reins, où il est arrêté par une ceinture. La coiffure varie selon le goût et les âges. L'habitude de se baigner tous les jours fait que ces sauvages sont très propres et sans aucune odeur.

Leurs cases affectent la forme d'un ovale de trente pieds de long sur vingt de large. Celles du peuple sont plus petites. Elles sont propres et solides. Les maîtres et les maîtresses couchent dans un espace à part : les autres membres de la famille dorment à terre, sur des nattes, sans avoir d'endroits fixes. Les esclaves se retirent dans de petites huttes voisines. Les vêtements servent de couverture. Les meubles se composent de quelques tasses de bois pour servir le *kava*, infusion de racines d'une saveur nauséabonde fort aimée dans la Polynésie, d'un certain nombre de gourdes pour contenir l'eau douce qui est rare à Tonga-Tabou, de coques de cocos pour renfermer l'huile dont les naturels se frottent les membres, et de coussinets et escabeaux pour tenir lieu de siéges. Les enfants pullulent partout au-dehors des cases et en-dedans, sur le bord de la mer et dans les plantations.

Les plus misérables des sauvages mangent les rats, qui abondent dans ces parages. La population supérieure se nourrit d'ignames, de varo, de bananes, de fruits à pain, de noix de cocos et de poissons et coquillages. Les cochons, la volaille et les tortues sont réservés au chef.

Les habitants des îles Tongas sont généralement généreux, hospitaliers, complaisants, mais en même temps cupides, audacieux, et profondément dissimulés. Ils sont susceptibles d'une grande fermeté de caractère et d'une rare énergie. On les trouve très modestes. Un refus ne les émeut pas, en apparence ; ils dévorent même un affront sans y paraître sensibles ; mais le souvenir en demeure profondément gravé dans leur mémoire, et ils ne manquent jamais de s'en venger.

Du reste, les Tongas sont très attachés à leurs parents, à leurs amis et à leurs chefs, pour lesquels ils sont d'une obéissance complètement passive. Leurs relations entre eux sont aussi douces qu'affectueuses. On les voit pleins d'égards pour leurs femmes et de bonté pour leurs enfants. Ils respectent la vieillesse et lui prodiguent les plus tendres soins.

Le *Touï-Tonga* est un personnage sacré, le pontife suprême.

Les dieux des Tongas portent le nom générique de *Hotoua*.

Suivant les indigènes, l'âme humaine est une substance déliée et presque aériforme qui s'échappe du corps en même temps que la vie.

Le *tabou* existe aux îles Tongas. C'est une sorte d'interdiction que l'on met sur les personnes et sur les choses, et qui les exclut pour longtemps de tout usage. On taboue les champs, les pirogues, les arbres, les maisons, les hommes, les femmes et les enfants. On taboue les tombeaux, on taboue la mer, telle anse, telle rivière.

La danse et le chant sont les principaux amusements des Tongas. Ces chants sont des récitatifs qui ne sont pas dépourvus d'harmonie. Ils célèbrent les événements.

Outre les flûtes, les Tongas ont des tambours formés de troncs d'arbres, de quatre, cinq, six et sept pieds de long.

Tel était l'archipel des Tongas, et tels étaient ses habitants, quand notre célèbre Dumont-d'Urville y aborda sur la corvette l'*Astrolabe*, en avril 1827. L'illustre navigateur faisait alors pour la seconde fois le tour du monde.

Dumont-d'Urville venait d'étudier les parages

de la Nouvelle-Zélande, lorsque le 9 avril il eut connaissance de l'île d'Eoa, de l'archipel des îles Tongas, et le 10 on donna dans le canal qui sépare Tonga-Tabou de l'autre île appelée Pangaï-Modou, dans le but de mouiller l'*Astrolabe* en face de cette dernière. L'intention de Dumont-d'Urville était de n'y faire qu'une courte relâche pour régler ses montres marines et s'y procurer quelques provisions : mais la fatalité en ordonna autrement.

A peine engagé dans cette passe, au vent qui avait régné jusqu'alors succéda un calme plat. Celui-ci livra l'*Astrolabe* au jeu des courants, dans un chenal hérissé de rochers. La corvette, drossée par l'action des eaux, alla donner contre les brisants du nord. Une prompte manœuvre la releva bien ; mais le vent, revenu au sud-sud-est, tint la corvette adossée contre un mur de coraux sous-marins, véritable rempart vertical, aux accores duquel on ne trouvait pas de fond à quatre-vingts brasses.

La situation était critique. M. d'Urville fit tout ce qui était humainement possible pour conjurer le danger. Des ancres à jet furent élongées ; mais le tranchant des coraux eut bientôt coupé les câbles, et les mêmes ancres furent perdues. Les deux chaînes seules résistèrent pendant trois jours et trois nuits. Qu'un seul de leurs anneaux se brisât, et l'*Astrolabe*, broyée par ces récifs dangereux, livrait ses lambeaux, comme une proie facile, aux cupides insulaires.

Qu'on juge des angoisses du capitaine français et de tout son équipage.

Dès les premières heures de l'échouage, l'*Astrolabe* avait eu des visiteurs. Les premiers furent trois Anglais établis dans l'île Tonga-Tabou : Singleton, vieux colon, Read, et Ritchett. Tous trois offrirent leurs services à d'Urville, et, en effet, ils lui furent utiles comme messagers et comme interprètes. Mais, après les Anglais, parurent des chefs indigènes. Palou, un vieux sauvage, fut le premier de tous. Alors, pour s'assurer quelques garanties contre une surprise des sauvages, d'Urville demanda au vieux Palou de rester à bord, en qualité d'ôtage. Le chef accepta, et le commandant de la corvette l'installa dans sa propre cabine. Vint ensuite un autre chef, Tahofa, dont nous aurons à parler plus tard.

Vingt-quatre heures s'étaient écoulées déjà depuis que la corvette se maintenait dans son poste périlleux. Plus la situation se prolongeait, plus elle devenait horrible. Les chaînes avaient cédé, et, dans les profondes oscillations de la houle, le flanc droit du navire allait s'abattre à cinq ou six pieds, au plus, du mur de coraux. Trois ou quatre chocs contre cette masse d'aspérités auraient suffi pour briser l'*Astrolabe*. La coque eût été fendue, déchirée, puis livrée à la mer ; la mâture elle-même n'eût pas tenu. En supposant un désastre de nuit, le nombre des victimes était effrayant. D'Urville réfléchit à cette cruelle éventualité ; aussi, voulut-il au moins assurer, par une mesure de prévoyance, le salut d'une portion de son équipage. Encouragé par les protestations amicales des chefs des Tongas, enhardi par les rapports des Anglais, il se décida à envoyer la majeure partie de son monde sur la petite île de Pangaï-Modou, où elle camperait sous la protection de Tahofa, tandis qu'il resterait lui-même à bord, avec Palou, entouré de ce qui lui resterait de ses gens. Ce qui le faisait incliner pour cette résolution toute d'humanité, c'est qu'aucune manœuvre n'était désormais ni possible ni utile pour le salut commun. Il fallait attendre et faire seulement des vœux pour la bonne tenue des ancres. Si elles maintenaient la corvette jusqu'au changement de la brise, on pourrait appareiller et quitter ce funeste écueil.

La portion de l'équipage désignée pour le débarquement avait déjà préparé ses bagages, quand arriva à bord un artisan attaché à l'établissement des missionnaires anglicans. A la vue de la chaloupe prête à déborder, il interrogea les marins sur sa destination, et lorsqu'il la connut :

— Vous voulez donc faire périr votre monde? dit-il à Dumont-d'Urville, ou tout au moins songez-vous à le faire dépouiller complètement? Tant que ces matelots et officiers ne seront pas nus, ils courront danger de la vie...

Le capitaine répondit qu'il croyait pouvoir

se confier aux bonnes dispositions de Tahofa et de Palou, en même temps qu'aux assurances des Anglais...

— Commandant, répliqua l'interlocuteur, ne vous fiez en aucune sorte à ces gens-là. Les sauvages et leurs chefs sont des hommes perfides, et les Anglais qui les soutiennent ne valent pas mieux. D'ailleurs, quand Tahofa et Palou seraient de bonne foi, leur autorité serait méconnue par les insulaires. On vous pillera tout, vous dis-je, et si vous vous défendez, on vous tuera.

Cet homme paraissait bien informé : aussi le chef de l'expédition réfléchit à ses paroles. Déjà, d'ailleurs, à la vue des bagages qu'emportait la chaloupe, les naturels, paisibles jusque-là, avaient fait entendre des murmures. Ils semblaient convoiter tant de richesses d'un œil farouche, et la crainte d'un péril était bien peu de chose pour eux à côté de la perspective d'un tel butin. En face de ce mouvement, Dumont-d'Urville n'hésita plus. A l'instant même, contre-ordre fut donné. Les matelots, déjà descendus dans les chaloupes, remontèrent à bord; on hissa les bagages et les malles. L'équipage et l'*Astrolabe* ne devaient avoir désormais qu'une même fortune. Seulement, pour tout prévoir, pour sauver d'un sinistre possible les travaux de l'expédition, le commandant fit emballer, dans une caisse en tôle, les papiers, les journaux, les documents scientifiques, et les embarqua dans le bot. Un matelot du bord et l'agent des missionnaires, décidés non sans peine, se chargèrent de les transporter à Hifo, où ils devaient être mis sous la sauvegarde de MM. Thomas et Hutchinson. Ainsi, la partie du voyage qui devait intéresser le monde savant ne serait pas perdue. Le bot, d'autre part, frêle et petite embarcation, n'était presque d'aucun secours en cas de bris sur les écueils de la passe.

Le bot était à peine parti que la brise fraîchit et que le ressac augmenta. L'*Astrolabe* présentait alors l'aspect le plus sinistre : les matelots, jusque-là passablement confiants, ayant trouvé dans les échanges avec les sauvages une distraction aux périls qu'ils couraient, ne pouvaient plus s'abuser sur l'imminence d'un naufrage. La nuit qui survint fut donc une nuit de transes cruelles. Le capitaine continuait à prendre toutes les mesures de précaution indiquées. Vers huit heures, on descendit dans la yole les montres marines, quelques instruments, les instructions officielles, les lettres de recommandation de divers gouvernements, et ce nouveau convoi d'objets fut dirigé sur la maison des missionnaires, sous la conduite d'un officier. En même temps, pour prévenir le désordre d'un embarquement nocturne, on ordonnait à la moitié de l'équipage de descendre dans les embarcations. Si l'événement funeste arrivait, toutes les mesures étaient prises, tous les ordres donnés.

Enfin, cette nuit horrible eut un terme, mais

le jour revint sans que la situation fût changée. Au milieu de cette crise, les chefs Tahofa et Palou restaient toujours à bord, bien traités, bien repus, faisant honneur au vin et au rhum du capitaine. Le sort de la corvette semblait les occuper fort peu ; ils avaient l'air le plus indifférent en face du spectacle de ce beau navire se débattant contre la mer, et se roulant sur ses ancres, à quelques pas de l'écueil. On eût dit, à les voir, que ce drame ne pouvait les toucher en aucune sorte. C'était pour eux toutefois, comme pour d'autres chefs dont la joie se trahissait mieux, une question de pillage et de fortune. Mais nul symptôme ne décelait chez eux ni désir ni crainte. Ils se montraient toujours affectueux, graves, bienveillants, prêts à réprimer l'importunité des naturels qui voulaient à chaque instant forcer la consigne.

Un troisième chef qui survint, et que les Anglais présentaient comme le chef le plus puissant de l'île, témoigna d'une impassibilité bien plus grande encore. Il se nommait Lavaka.

Le missionnaire Thomas, qui parut à son tour dans la journée du 22, conduisit avec lui le chef Toubo, le seul égui chrétien-anglican de l'île. Toubo semblait se trouver mal à son aise vis-à-vis des trois autres chefs, ses rivaux. Il ne cessait de les dépeindre comme des hommes fort dangereux. Sa haine contre eux n'allait pas toutefois jusqu'à vouloir les affronter en face.

Réfléchissant à sa situation, Dumont-d'Urville

comprit que s'il pouvait intéresser à sa cause un seul des chefs qui se partageaient Tonga-Tabou, avec son renfort d'hommes, de canons et de fusils, il pourrait, un malheur arrivant, se créer un parti dans l'île, avec des chances pour vaincre ou pour paralyser les autres. Il proposa donc à Toubo une alliance offensive et défensive. Il lui offrit de combattre pour lui; de le réintégrer dans ses droits de chef suprême et de lui assurer la prépondérance sur ses voisins.

A de telles propositions il fallait voir le pauvre Toubo et son ami le missionnaire anglican se récrier d'étonnement et d'effroi :

— Ne songez pas à cela ! Tahofa et Palou sont trop puissants pour qu'on les brave... Nous nous perdrions sans vous sauver...

— Eh bien ! dit le capitaine français, en cas de sinistre, quelle conduite faut-il tenir ?

— *Keep your ship !* Conservez votre navire !... répliqua le missionnaire.

Et on ne put le sortir de son *keep your ship !* vingt fois répété.

Dès lors Dumont-d'Urville n'avait plus à prendre conseil que de lui-même. Il laissa le missionnaire anglican Thomas et le chef Toubo se livrer à leurs prudentes inspirations. Pour lui, affectant un air calme pour rassurer l'équipage, il parut s'absorber dans un travail de classement que faisaient alors les naturalistes du bord, comme s'ils eussent été dans leur cabinet.

Cependant, le 22, entre trois et quatre heures, le vent ayant paru varier, toutes les voiles hautes et basses furent mises dehors. Les canots agirent sur le devant de la corvette et l'on fixa les amarres par le bout. Un instant on crut que l'*Astrolabe* se détachait du récif; mais quel rude mécompte, quelle consternation, lorsque, au bout de huit à dix minutes, la corvette donna sur l'écueil! Elle n'avait que quatre pieds d'eau sous la poulaine... Cette fois, c'en était fait! L'échouage, longtemps évité, se trouvait accompli. Il ne s'agissait plus que de forcer les sauvages à des explications décisives et catégoriques. En conséquence, et prenant sur-le-champ son parti, le commandant du navire fit descendre dans sa chambre les trois chefs, Palou, Tahofa et Lavaka. Là, il ne leur cacha pas la situation, leur demanda ce qu'ils comptaient faire, et les adjura de protéger l'équipage qu'une force majeure allait jeter sur leurs côtes. Les chefs écoutèrent avec attention, puis l'orateur du triumvirat, le vieux Palou, prit la parole. Au nom des chefs et au sien, il accéda à l'espèce de compromis du capitaine qui avait terminé en disant *qu'il leur abandonnerait la cargaison du navire, pourvu qu'on laissât aux Français ce qui leur serait nécessaire pour regagner leur patrie;* mais il insinua que la bienveillance le guidait en ceci bien plus que la cupidité, et *qu'il périrait plutôt que de laisser maltraiter ses amis les Français!*

En effet, au moment de l'échouage, une foule de pirogues s'étaient précipitées sur l'*Astrolabe*, comme sur une proie facile. Mais, bientôt monté sur le pont, Palou signifia aux sauvages de se retirer, et cela du ton le plus ferme.

Un heureux incident voulut que les bonnes intentions des trois chefs ne fussent pas mises à une plus longue épreuve.

Pendant que durait la conférence, on avait pu ressaisir les amarres filées par le bout au moment de l'appareillage. Quand Dumont-d'Urville reparut sur le pont, la corvette était à flot dans la même position que la veille, toujours exposée sans doute, mais non désespérée. Ce premier bonheur releva tous les courages. Dégagée d'une façon presque miraculeuse, l'*Astrolabe* n'était pas destinée à périr!

En effet, la nuit suivante se passa sans que la situation fût empirée. Le lendemain, 23, on s'écarta des récifs de quelques toises; et enfin, le 24, après quatre-vingt-quatorze heures d'angoisses, la corvette, au moyen de quelques risées folles du nord-est et de la touline des embarcations, put quitter les accores de ce triste récif et prendre lentement le chemin du mouillage, au grand désappointement de messieurs les sauvages de Tonga-Tabou. L'*Astrolabe* toucha bien encore dans l'intérieur des passes, mais avec infiniment moins de dangers. Puis elle fit deux ou trois haltes, et, en dernier lieu, elle jeta l'ancre devant l'île de Pangaï-Modou, le 26 au soir.

Pendant toute la durée de ce péril, les trois chefs tongas ne démentirent pas un seul instant leur conduite affectueuse des premiers jours, et, quand la crise fut passée, ils s'en réjouirent les premiers d'une façon qui nous parut sincère. Quelques présents faits à propos semblèrent les gagner mieux encore. Aussi un excellent accord ne cessa de régner entre l'équipage et les naturels. A diverses reprises, les officiers et les naturalistes se rendirent à terre; ils y passèrent même la nuit, sans qu'aucun acte de violence vînt autoriser le moindre soupçon. Néanmoins, malgré tous ces témoignages d'amitié, le commandant de la corvette continua son système de surveillance et de précaution. Les filets d'abordage demeurèrent toujours tendus et les sentinelles se relevèrent régulièrement avec des consignes rigoureuses.

Néanmoins des dangers d'un autre ordre se préparaient dans l'ombre.

Le chef Palou avait, à diverses reprises, témoigné le désir de recevoir les navigateurs français, et le jour de cette audience avait été réglé avec une sorte d'apparat. Le commandant de l'*Astrolabe*, avec ses officiers, en grand uniforme, s'embarquèrent, le 9 mai, dans le grand canot. Mais au lieu de trouver sur leur passage une foule empressée, et dans sa case un hôte affable et gai, des jeux, un festin, des danses, une fête en un mot, les Français ne rencontrèrent que quelques sauvages de basse classe, de pauvres femmes et des enfants. Le vieux Palou les accueillit avec un air sérieux et contraint.

Il offrit un misérable kava, — une sorte de thé, — à des hommes qui avaient besoin d'une politesse plus substantielle ; bref, il se tint sur la réserve, lui jusque-là cordial et communicatif. Pour pallier le mauvais effet de cet accueil, l'interprète fit savoir au commandant que Palou avait naguère perdu un de ses enfants et qu'il était menacé d'en perdre un second. Mais cette explication, vraie ou fausse, ne satisfit point d'Urville.

Les Français se retirèrent d'une façon assez maussade.

Livrés à leurs seules inspirations, peut-être les sauvages seraient-ils demeurés avec les Français dans les termes de la bienveillance simulée, et probablement de sourde convoitise qui les avait caractérisés jusque-là. Après trois semaines de relâche, l'*Astrolabe* serait repartie ayant plutôt à se louer d'eux qu'à se plaindre. Mais, la trahison s'en mêlant, l'attitude des Tongas cessa d'être la même ; de calme, elle devint agressive.

Pour expliquer cette transformation, il faut savoir que l'équipage de la corvette, hâtivement rassemblé à Toulon, comptait quelques mauvais sujets tirés des cachots pour finir leur temps dans un voyage de découvertes. Pour le malheur et le déshonneur de l'expédition, il y avait parmi les matelots des hommes capables de la trahir au profit des sauvages, sauf à partager ensuite les dépouilles des leurs avec les ennemis. Dumont-d'Urville savait cela, et il avait voulu éviter, autant que possible, tout rapport trop familier entre ses marins et les chefs de l'île. Il désirait surtout abréger son séjour, pour que le temps manquât à de mauvais desseins. Mais l'échouage et les travaux qu'il nécessita, la drague des ancres, le manque de munitions et de vivres trompèrent ses calculs. Il fallut s'attarder sur la rade de Pangaï-Modou, et ces délais furent utilisés par les déserteurs et les traîtres.

Un complot se forma. Il poussa de telles ramifications dans l'île que le capitaine en fut informé par un message des missionnaires. Son parti fut bientôt pris. Prévenu le 12, il résolut d'avancer son départ et d'appareiller le 13, et non le 14, comme il l'avait annoncé. En même temps, il fit redoubler de surveillance, afin que personne ne pût quitter le bord.

Le 13, donc, vers huit heures du matin, tout était prêt pour mettre à la voile. Il ne restait plus qu'à envoyer la yole à terre pour y prendre le chef de timonerie et quelques sacs de sable. On l'y expédia. En même temps, faisant ses adieux aux chefs venus à bord, comme de coutume, Dumont-d'Urville leur distribua les derniers présents. On se sépara avec tous les dehors d'une bonne intelligence. Les chefs semblaient regretter les Français, mais rien n'indiquait qu'ils voulussent les retenir par violence.

Les choses en étaient là, à neuf heures du matin, quand un bruit confus et subit s'éleva sur la plage. Les insulaires attaquaient la yole et cherchaient à entraîner les matelots qui la montaient. Ceux-ci, vaincus par le nombre, cédèrent. Aussitôt le commandant de l'*Astrolabe* ordonna que le grand canot fût armé ; vingt-trois hommes s'y embarquèrent sous les ordres des officiers Gressien et Pâris. Le chirurgien Guaimard voulut se joindre à eux. Mais vainement cette petite troupe chercha-t-elle à couper la retraite aux ravisseurs ; les sauvages échappèrent avec leur proie. D'ailleurs le grand canot tirait trop d'eau pour pouvoir accoster la terre. A quelque distance il fallut que son équipage se jetât à l'eau et fît de là une guerre de tirailleurs contre les sauvages qui tiraient aussi de la grève. Quand cette petite troupe fut arrivée en terre ferme, tout avait disparu, sauvages et Européens. Tout ce qu'elle put faire, fut de recueillir trois hommes, le chef de la timonerie, l'élève de marine Dudemaine, qui avait passé la nuit chez son *ofa*, et un jeune matelot nommé Cannac. Les autres demeurèrent prisonniers.

Cette scène, rapidement accomplie, fut cependant caractéristique en ce sens qu'on ne put douter du concours de Tahofa dans cette surprise. Ayant rencontré l'élève Dudemaine, il lui asséna un gros coup de poing. Plus humain vis-à-vis de Cannac, et touché sans doute de son extrême jeunesse, il lui permit de rejoindre l'équipage du grand canot.

Le nombre des captifs se réduisait alors à neuf personnes, l'élève Faraguet et huit matelots.

Cette attaque subite des naturels fût restée une énigme pour les Français, si on ne se fût aperçu qu'un des matelots de l'*Astrolabe*, un mauvais sujet du nom de Simonet, avait déserté. D'après l'explication que recueillit plus tard le capitaine anglais Peter Dillon, Simonet, dont la fuite était méditée de longue main, se glissa, le 12 au matin, dans une des pirogues de Tahofa, et un des canotiers de la yole, nommé Reboul, étant à terre, déserta de même. Tahofa allait ainsi avoir deux Européens à son service, avantage très rare et fort apprécié dans Tonga-Tabou. La jalousie des autres chefs s'en était émue; ils avaient voulu se ménager une compensation en enlevant les hommes de la yole. Telle fut du moins l'excuse donnée à Peter Dillon. Quant à la complicité de Simonet, elle était évidente, et il s'en cachait si peu que l'élève Dudemaine l'aperçut parmi les naturels, armé et habillé, tandis que les autres matelots étaient complètement dépouillés de tous leurs vêtements.

Après avoir incendié les habitations de Pangaï-Modou et Manima, le grand canot revint à bord vers trois heures et demie, et on repartit presque sur-le-champ, armé d'officiers, de maîtres et d'officiers mariniers, hommes sûrs et éprouvés. Dans l'impossibilité où l'on était d'attaquer Tahofa, dans sa forteresse de Bea, la petite troupe de vingt hommes devait marcher le long du rivage, brûlant les cases et les pirogues, tirant sur ce qui résistait, mais épargnant les vieillards et les femmes. Le but du commandant de l'*Astrolabe* était d'obtenir par la terreur la restitution de ses prisonniers.

L'expédition fut conduite avec intelligence. Les villages de Nongou-Nongou et d'Oleva furent livrés aux flammes ; cinq belles pirogues furent détruites ; puis le petit corps marcha vers Mafanga, village sacré des Tongas.

Mais à mesure que les Français approchaient du lieu saint, les sauvages, qui avaient fui jusque-là, se rassemblaient et commençaient à résister. Un caporal du détachement, Richard, s'étant malheureusement aventuré dans un taillis, à la poursuite d'un sauvage, se vit assailli par huit d'entre eux, cerné, assommé avec leurs massues, criblé de coups de baïonnette. Transporté à bord, cet infortuné mourut dans la nuit et fut enterré le lendemain dans l'île de Pangaï-Modou. Cette perte ramena les Français à des mesures de prudence. Engagés au milieu des halliers, ils recevaient la fusillade ennemie sans pouvoir lui répondre avec avantage. D'ailleurs, cette guerre d'embuscade n'aboutissait à rien. L'incendie du village suffisait pour jeter la terreur dans la contrée. Pour le premier jour c'était une représaille utile; le lendemain, il fallut aviser à des moyens plus décisifs.

Le capitaine d'Urville savait que Mafanga était le lieu saint de l'île, et que, si on l'attaquait, Tonga-Tabou tout entière serait intéressée à la querelle. Ainsi, les divers chefs interviendraient dans une affaire où Tahofa jusqu'alors s'était trouvé seul mêlé, et les jalousies rivales, autant que le désir de sauver le sanctuaire indigène, pouvait amener la prompte restitution des prisonniers. Malgré tout le danger que présentait une côte bordée de récifs, le capitaine résolut de canonner Mafanga.

Pendant que l'on se préparait à cette attaque, contrariée par les vents du sud-est, une pirogue ramena à bord l'élève Faraguet et l'interprète, M. Singleton. L'officier français avait été le captif de Palou, qui, n'ayant pu le décider à se fixer auprès de lui, le renvoyait à bord de l'*Astrolabe*. Aucun doute ne resta dès lors sur le chef du complot. L'honneur en revenait tout entier à Tahofa et à ses *mata-boulais*. Singleton assurait même que les autres chefs avaient censuré sa conduite dans le conseil du matin. Mais Tahofa était le Napoléon, l'Achille de Tonga-Tabou; il pouvait faire la loi, seul contre tous. Par une sorte de compromis, Singleton se disait autorisé à promettre que tous les hommes qui se refuseraient à rester dans le pays seraient rendus à l'expédition française.

Dumont-d'Urville crut une pareille transaction indigne de lui, car on y reconnaissait la main de Simonet, qui demandait presque une capitulation personnelle.

— Aucun des hommes que le roi des Français m'a confiés, dit-il à Singleton, ne restera à Tonga-Tabou. Si demain les captifs des insulaires ne sont pas à bord de ma corvette, Mafanga sera canonnée....

En effet, le 15, la corvette s'embossa, comme son commandant l'avait dit : elle hissa sa grande bannière et l'appuya d'un coup de canon.

Les naturels y répondirent en ajustant plusieurs pavillons blancs au bout de longues perches.

Dans l'espérance que ces pavillons étaient un signal de paix, on envoya le canot à terre : mais un coup de fusil qui perça cette frêle embarcation de part en part, trahit les véritables dispositions des insulaires.

Il fallait que la force coupât court à tant de perfidie.

Le canon tonna donc, le lendemain 16, dans la matinée. Trente coups de caronade furent tirés tant à boulet qu'à mitraille. La première décharge coupa en deux une branche d'un grand figuier qui ombrageait le *malaï*, la place d'armes de Tahofa. Sa chute fut saluée par des cris aigus et perçants, que suivit immédiatement un profond silence. Abrités derrière des remparts de sable, ou dans le creux de fossés improvisés, les sauvages ne souffraient pas beaucoup de ce feu et ils y gagnaient quelques boulets enterrés dans le sable.

Dans l'après-midi, l'*Astrolabe* se trouva si près du récif qui entoure l'île, qu'à la marée basse, les naturels pouvaient s'approcher d'elle à une distance de vingt toises au plus.

Pendant les trois jours qui suivirent, la corvette se maintint dans ce mauvais voisinage. Le temps, beau jusque-là, était devenu incertain et tempêtueux. Le vent soufflait par rafales violentes et menaçait de jeter le navire sur les récifs où la mer se brisait avec fureur. C'était une épreuve non moins périlleuse que celle à laquelle on avait naguère échappé. En cas de sinistre, on n'avait pas même de quartier à espérer cette fois. On était en guerre ouverte; et peut-être l'ennemi avait-il des morts à venger. Secouée par le ressac, l'*Astrolabe* semblait à toute minute près de se détacher de ses ancres pour aller se heurter contre les pointes du banc. L'équipage paraissait inquiet et préoccupé. On eût dit qu'il regrettait le sort des captifs, que l'on apercevait de temps en temps sur la grève. Cette guerre, faite à deux pas d'un écueil, ces décharges d'artillerie, qui de temps en temps rompaient le silence de la terre et du bord; cette obstination des chefs tongas, l'incertitude de l'avenir, tout saisissait et attristait la pensée. On en était venu à craindre un complot parmi les marins du bord, et Dumont-d'Urville allait peut-être renoncer à sa résolution, quand une pirogue déborda de la plage, dans la journée du 19.

Elle portait un des matelots, Martineng, qui venait de la part de Tahofa promettre au capitaine la restitution des prisonniers, s'il consentait à suspendre les hostilités. Le canon de retraite de la veille, chargé à mitraille, ayant tué un chef indigène très aimé des sauvages, déterminait ces ouvertures pacifiques.

Elles furent conduites à bonne fin.

L'un des mata-boulais de Tahofa, Waï-Totaï, vint, tout tremblant, expliquer qu'il était impossible de restituer les déserteurs Simonet et Reboul, alors en fuite, mais que les autres Français allaient être rendus. Désireux de quitter les accores de l'écueil, d'Urville passa sur cette difficulté, et il fit même semblant d'oublier aussi les objets enlevés dans la yole.

Un canot alla donc vers Mafanga pour recueillir les prisonniers. Ils arrivèrent dans le plus bizarre accoutrement, déjà revêtus d'étoffes indigènes, semblables à celles de ces Indiens, que Tahofa leur avait fait donner, après qu'on les avait dépouillés de leurs habits européens.

Tirée ainsi de ce mauvais pas, le lendemain, 21 mai, l'*Astrolabe* quittait l'île de Tonga-Tabou, après un mois de désastreux séjour, et entourée de périls de tous genres, le naufrage, la guerre et la révolte.

Dumont-d'Urville se dirigeait alors vers les îles Viti et Fidji, et se préparait à aller recueillir les débris du naufrage de la Pérouse.

Nous ne suivrons pas l'*Astrolabe* dans ses pérégrinations maritimes ; mais nous la reprendrons au moment où elle arrive devant Vanikoro, pour y trouver les preuves du cruel naufrage dont la Pérouse et ses compagnons avaient été les victimes infortunées contre les récifs de cette île.

Nous savons déjà, par l'histoire du naufrage de la Pérouse, toutes les péripéties de ce drame cruel.

Mais nous devons faire connaître au lecteur les dangers que courut elle-même la nouvelle *Astrolabe*, l'*Astrolabe* de Dumont-d'Urville, sur cette côte inhospitalière.

Il a été dit comme quoi Vanikoro est entouré d'une chaîne de récifs d'un diamètre de deux à trois milles, qui laisse libre et large de un à deux milles un bassin d'eau calme et paisible autour de l'île, tandis que la mer se brise avec fureur contre le récif de coraux circulaire, au-dehors de son enceinte.

Le capitaine d'Urville avait pris son mouillage dans la dangereuse et petite rade d'Ocili, à l'est de l'île, et en-dehors du récif, mais entourée par un autre récif ayant une large entrée sur la mer. C'était là qu'avait aussi jeté l'ancre le *Research* du capitaine anglais Dillon, quand il avait abordé à Vanikoro, pour y chercher aussi des preuves du naufrage des vaisseaux de la Pérouse.

Pendant que les canots de MM. Gressien et

Jacquinot faisaient le tour de l'île et allaient de Vanou à Nama, de Nama à Païou, et de Païou à Mannevaï, à Tevaï, et en quête d'indices et de renseignements, on vit bientôt que l'*Astrolabe* était en souffrance dans le mauvais hâvre d'Ocili. La houle fatiguait ses chaînes et menaçait de la jeter à toute heure sur une côte aux rochers verticaux, contre les parois desquels elle aurait coulé par quinze brasses de fond. Aussi le commandant songea-t-il à changer de station. A l'aide de grelins et d'ancres à jet, il se hâla jusque dans la vaste baie de Mannevaï, bassin calme et abrité contre tous les éléments.

Cependant les travaux scientifiques allaient leur train. Le naturaliste Guaimard avait obtenu du commandant de débarquer seul sur la partie occidentale de l'île. Cette excursion fort périlleuse, et bien méritante du reste, ne produisit aucun résultat utile. Au bout de cinq jours, le naturaliste revint avec une fièvre intense, ayant eu toutes les peines du monde à se défendre contre des hommes d'un naturel irritable et turbulent. Aucune confidence ne pouvait en outre être obtenue, et le village même de Nama resta interdit au Français débarqué : aussi M. Guaimard revint outré et fort malade.

Cette fièvre du naturaliste empira bientôt : le capitaine lui-même, à la veille d'aller visiter l'emplacement où les compagnons de la Pérouse avaient construit leur petit navire, fut saisi par des accès violents et dangereux. Alors le temps, de sec qu'il était, étant devenu tout-à-coup pluvieux et malsain, cette fièvre prit un caractère épidémique et frappa successivement plusieurs personnes de l'équipage.

Dumont-d'Urville sentit l'imminence du danger. Frappé lui-même, il eut encore la force de donner des ordres pour sortir de cet endroit fatal. Chaque tentative augmentait le nombre des malades. Enfin, le 17 mars, on redoubla d'efforts.

Ecoutons M. Dumont-d'Urville rendant compte de cette critique et décisive opération :

« Quarante hommes sont hors de service, dit-il, et si nous laissons passer cette journée — le 17 mars 1828 — sans bouger, demain peut-être il ne sera plus temps de vouloir quitter Vanikoro. En conséquence, je suis décidé à tenter un dernier effort. A six heures du matin, on commence à virer sur les ancres et on les retire les unes après les autres, manœuvre longue et pénible, attendu que le câble, la chaîne et le grelin s'étaient entortillés les uns dans les autres, et que nous avions peu de bras valides.

» Sur les huit heures, tandis que nous étions le plus occupés à ce travail, j'ai été fort étonné de voir venir à nous une demi-douzaine de pirogues de Tevaï, d'autant plus que trois ou quatre habitants de Mannevaï qui se trouvaient à bord ne paraissaient en aucune manière effrayés à leur approche, bien qu'ils m'eussent dit, quelques jours auparavant, que ceux de Tevaï étaient leurs ennemis mortels. Je témoignai ma surprise aux Indiens de Mannevaï, qui se contentèrent de rire d'un air équivoque, en disant qu'ils avaient fait la paix avec les habitants de Tevaï, et que ceux-ci m'apportaient des cocos. Mais je vis bientôt que les nouveaux venus n'apportaient que des arcs et des flèches en fort bon état. Deux ou trois d'entre eux montèrent à bord d'un air déterminé, se rapprochèrent du grand panneau pour regarder dans l'intérieur du faux-pont et s'assurer du nombre des malades. Une joie maligne perçait en même temps dans leurs regards diaboliques. En ce moment, quelques personnes de l'équipage me firent remarquer que deux des trois sauvages de Mannevaï qui se trouvaient à bord faisaient ce manége depuis trois ou quatre jours. M. Gressien, qui observait depuis le matin leurs mouvements, avait cru voir les guerriers des deux tribus se réunir sur la plage et avoir entre eux une longue conférence.

» De pareilles manœuvres annonçaient les plus perfides dispositions, et je jugeai que le péril était imminent. A l'instant j'intimai l'ordre aux naturels de quitter la corvette et de rentrer dans leurs pirogues. Ils eurent l'audace de me regarder d'un air fier et menaçant, comme pour me défier de faire mettre mon ordre à exécution. Je me contentai de faire ouvrir la salle d'armes, ordinairement fermée avec soin, et, d'un front sévère, je la montrai du doigt à mes insulaires, tandis que de l'autre je leur désignais leurs pirogues. L'aspect de vingt mousquets étincelants, dont ils connaissaient la puissance, les fit tressaillir et nous débarrassa de leur présence.

» Alors j'exhortai l'équipage à redoubler d'efforts et de courage, et je pressai le moment de l'appareillage, autant que le permettaient mes faibles moyens. Les malades eux-mêmes prêtèrent leur débiles mains à l'ouvrage, et nous pûmes enfin élonger une ancre à jet dans l'est par trente brasses de fond. Quoiqu'elle fût surjallée, nous fûmes assez heureux pour qu'elle tînt jusqu'au bout.

» Ce fut sur ce frêle appui que, le 17 mars 1828, à onze heures quinze minutes du matin, l'*Astrolabe* déploya ses voiles et prit définitivement son essor pour quitter Vanikoro. Nous serrâmes d'abord le vent le plus près qu'il nous fut possible, avec une bonne brise d'est-sud-est assez fraîche. Puis nous laissâmes porter sur la passe. Mais au moment même où nous donnions dans l'endroit le plus scabreux, celui où elle est semée d'écueils, un grain subit vint nous borner notre horizon dans un rayon de soixante à quatre-vingts toises.

» Accablé par la fièvre, je pouvais à peine me soutenir pour commander la manœuvre, et mes yeux affaiblis ne pouvaient se fixer sur les flots d'écume qui blanchissaient les deux bords de la passe. Mais je fus secondé par l'activité des officiers, et surtout par l'assistance de M. Gressien, que j'avais chargé de diriger notre route. Il nous servit de pilote et le fit avec tant de sang-froid, de prudence et d'habileté, que la corvette franchit sans accident la passe étroite et difficile par où nous devions gagner le large. Ce moment décidait sans retour du sort de l'expédition, et la moindre fausse manœuvre jetait la corvette sur des écueils d'où rien n'aurait pu la retirer. Aussi, malgré notre détresse, après quelques minutes d'anxiété, nous éprouvâmes tous, en nous voyant délivrés des récifs de cette île funeste, un sentiment de joie comparable à celui qu'éprouve le prisonnier qui échappe aux horreurs de la plus dure captivité. La douce espérance vint ranimer notre courage abattu, et nos regards se tournèrent encore une fois vers les rives de notre patrie, à travers les cinq ou six mille lieues qui nous en séparaient... »

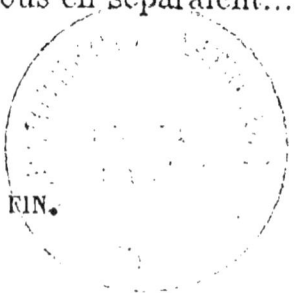

FIN.

LIMOGES et ISLE,
Typographies Eugène Ardant et C. Thibaut.

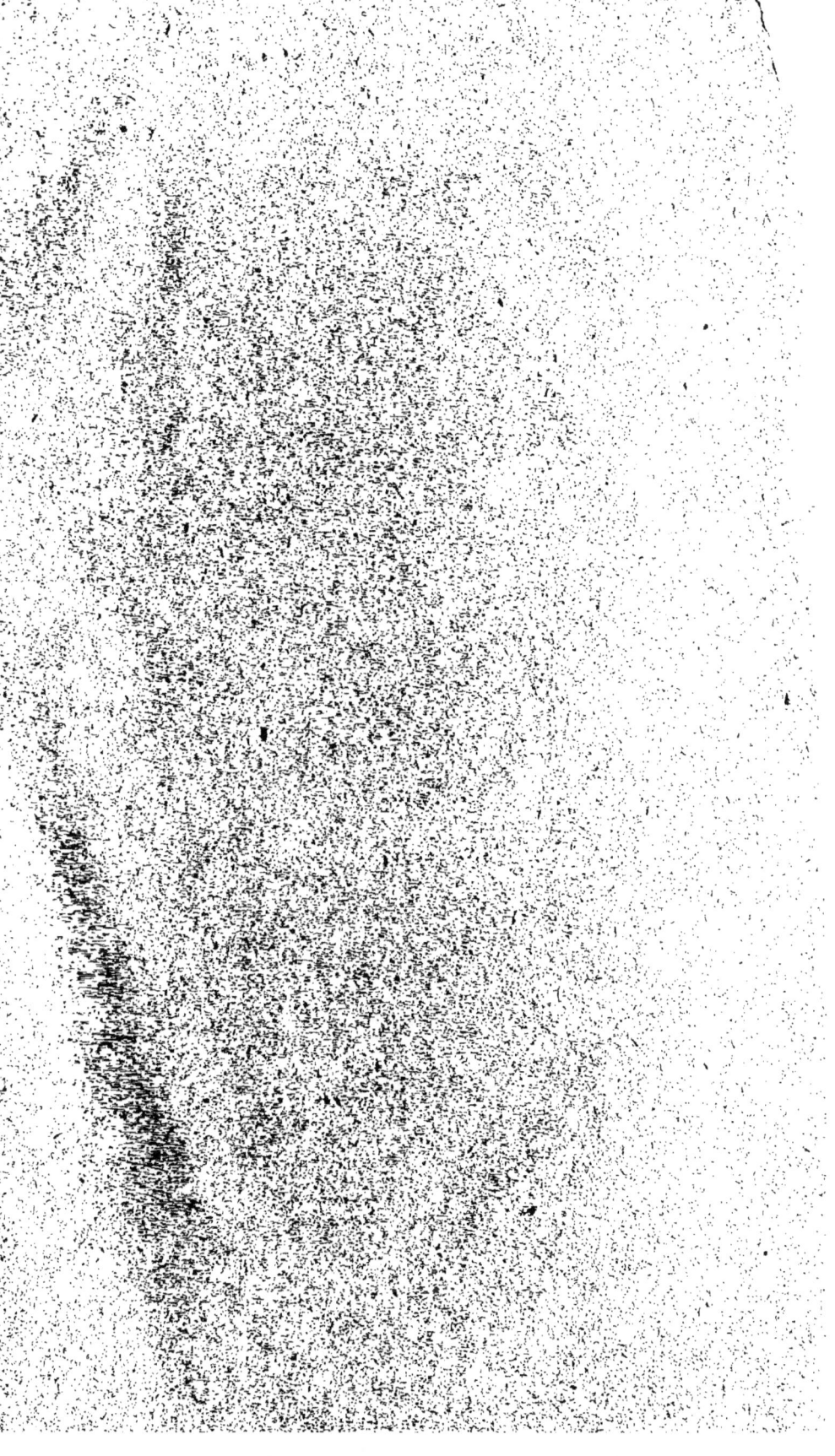

www.ingramcontent.com/pod-product-compliance
Lightning Source LLC
LaVergne TN
LVHW051501090426
835512LV00010B/2266